DAPHNIS

ET

AMALTHÉE,

PASTORALE HÉROÏQUE.

A AMIENS,

Chez la Veuve GODART Imprimeur
du Roi, rue du Beau-Puits.

M. DCC. LV.

DAPHNIS

ET

AMALTHÉE,

PASTORALE HÉROÏQUE.

La Scene eſt en Sicile.

Le Théâtre repréſente un Païſage : on voit dans l'enfoncement le Mont Etna qui jette de temps en temps des flammes.

SCENE PREMIERE.

DAPHNIS , AMALTHÉE , LE CHŒUR.

DAPHNIS.

É J A l'Été brûle nos Plaines,
Retirons - nous dans ces Boſquets,
Des Zéphirs les douces haleines
Animent ce feuillage épais ;
Et les détours de ces Fontaines
Rendent ces ombrages plus frais.

A ij

Déja l'Été brûle nos Plaines,
Retirons - nous dans ces Bosquets.

DAPHNIS & AMALTHÉE.

DUO.

Que nous sommes heureux dans ce charmant séjour !

AMALTHÉE.

Pour remplir notre cœur & pour brûler sans cesse,
Nous n'avons pas besoin d'éprouver tour à tour
Le dépit, la fureur, la haine, la tendresse,
Il nous suffit de notre amour.

DUO.

Que nous sommes heureux dans ce charmant séjour !

AMALTHÉE.

Mon cher Daphnis,

DAPHNIS.

Belle Amalthée,

DUO.

Vous m'aimez, je vous vois, mon ame est enchantée.

DAPHNIS.

J'ai gravé votre nom sur ces tendres Ormeaux :
Bientôt de leur naissant feuillage
Ils ont couronné ce Bocage,
L'Amour a pris plaisir à les rendre plus beaux.

AMALTHÉE.

Depuis que je vous aime,
Les arbres, les rochers s'animent à ma voix,
Tous ces lieux sont remplis de mon amour extrême,
Je trouve les échos plus tendres mille fois
Depuis que je vous aime.

DAPHNIS.

Un jour que des oiseaux j'imitois les concerts,
Je fis pour vous les plus doux airs,
Mes soins ont embelli ce solitaire asyle,
J'appris aux Bergers de Sicile
A rendre dans leurs chants leurs transports amoureux ;

5

Ils chantoient autrefois les Enfans de la terre,
    Et l'Olympe victorieux ;
Les éclats de leurs voix imitoient le tonnerre,
Je voulois vainement exprimer avec eux
Les palmes de la gloire & l'effroi de la guerre,
Mes sons ne respiroient que l'amour & les jeux :
    Si je peignois la Reine de Cithère,
    Je lui donnois votre bouche & vos yeux ;
    Je voulois chanter tous les Dieux,
    Je ne chantois que ma Bergère.

AMALTHÉE.

Les oiseaux sont jaloux de tes sons enchanteurs,
    Ils m'ont annoncé des malheurs ;
Je t'aime trop, Daphnis, pour être sans alarmes :
Faut-il que tes beaux jours soient soumis au trépas ?

DAPHNIS.

Voudrois-je être immortel lorsque tu ne l'es pas ?

AMALTHÉE.

L'amour mêle toujours quelque crainte à ses charmes.
    Un Rossignol, dans ces beaux lieux,
Célébroit ses plaisirs par le plus doux ramage,
    J'approchai pour l'entendre mieux,
Et je le vis soudain s'envoler à mes yeux.
Dieux ! que m'annoncez-vous par ce triste présage ?
Je ne crains que pour toi, j'en frémis davantage,
Je ne pourrois survivre à tes destins affreux.

DAPHNIS.

Tu m'aimeras toujours, puis-je être malheureux ?

AMALTHÉE.

    Non, tu n'es point ce Rossignol volage,
    Je connois ta fidélité :
Du Messager des Dieux tu reçus la naissance,
Et tu sçais réunir sa grace, sa beauté,
    Sa touchante éloquence,
    Sans avoir sa legereté.

DAPHNIS.

Si l'un de nous est infidèle,
S'il peut jamais brûler d'une flamme nouvelle,
Qu'il ne jouisse plus de la clarté des Cieux,
Que le flambeau de la nature
Cesse de briller à ses yeux ;
Je ne crains point vos coups, Dieux vengeurs du par-
jure.

DUO.

Qu'il ne jouisse plus de la clarté des Cieux,
Que le flambeau de la nature
Cesse de briller à ses yeux.

DAPHNIS.

Soleil, qui chaque jour pour éclairer le monde,
Forcé par les destins, abandonne Thétis,
On te voit chaque jour rentrer au sein de l'onde,
Et rejoindre l'objet dont ton cœur est épris.
Toi, qui remplis sans cesse une même carrière,
Tu dois aux inconstans refuser la lumière.

AMALTHÉE.

On célèbre aujourd'hui la fête de Cérès,
Les épics dorent nos campagnes ;
C'est le premier des dons que le Ciel nous a faits,
Et je vais avec mes Compagnes
Honorer la Déesse au fond de nos Forêts.

DAPHNIS.

Quoi, sitôt me quitter !

AMALTHÉE.

Il en coûte à ma flamme,
Mais il y va du bonheur des mortels :
Prêtresse d'Éleusine, en ces jours solemnels,
Va, je porterai dans mon ame
Daphnis aux pieds de ses autels.

SCENE II.

DAPHNIS *seul.*

Grands Dieux, ne comptez dans ma vie
Que les momens où je la vois ;
C'est un plaisir toujours nouveau pour moi :
Que mon sort est digne d'envie !
Que je me trouve heureux de vivre sous sa loi !
Grands Dieux, ne comptez dans ma vie
Que les momens où je la vois.

SCENE III.

DAPHNIS, MÉLANYRE, CLYMENE, *Chœur de Nymphes & de Sylvains.*

MÉLANYRE.

Déja l'Été brûle nos Plaines,
Retirons-nous dans ces Bosquets,
Des Zéphirs les douces haleines
Animent ce feuillage épais ;
Et les détours de ces Fontaines
Rendent ces ombrages plus frais.
Déja l'Été, &c.

CHŒUR.

Déja l'Été, &c.

UN SYVAIN.

Non, tu ne m'aimes plus, charmante Mélanyre.

MÉLANYRE.

Non, tu n'es plus sous mon empire.

LE SYLVAIN.

Tu reprens ta foi.

MÉLANYRE.

Je fais comme toi ,
Tu reprens ta foi.

LE SYLVAIN.

Je fais comme toi ;
Non , tu ne m'aimes plus , charmante Mélanyre.

MÉLANYRE.

Non , tu n'es plus sous mon empire.

DUO.

Qu'il est doux de brûler tous deux des mêmes feux !
Qu'il est doux d'en changer quand on change tous
  deux !

MÉLANYRE.

L'amour qui commence
A bien plus d'attraits ,
Toujours de l'enfance
On lui donne les traits ,
Pour montrer qu'il ne doit jamais
Vieillir dans la persévérance.

CHŒUR.

L'amour qui commence , &c.

CLYMENE.

Ah ! si l'amour le plus fidèle
Étoit toujours le plus contant ,
Non , non , plaintive Tourterelle ,
Non , vous ne gémiriez pas tant.

DAPHNIS.

Quels accens enchanteurs , quel séduisant langage !
O Nymphe ! il suffiroit des sons de votre voix
  Pour attendrir le cœur le plus sauvage :

Si je n'avois pas fait un choix,
Sans doute qu'à vos yeux mon cœur rendroit les armes;
Et vous n'avez que trop de charmes,
Mais on ne peut aimer deux Belles à la fois.

A R I E T T E.

Vous devez régner sans partage
Sur le plus fidéle Berger :
Votre beauté peut engager
A rompre d'autres nœuds, à devenir volage ;
Mais elle apprend qu'on ne doit point changer,
Vous devez régner sans partage
Sur le plus fidéle Berger.

C L Y M E N E.

La tendre Phylomèle,
A chaque printemps,
Change d'amans :
Quand son ardeur se renouvelle,
Ses accords sont bien plus touchans ;
Imitons ses feux inconstans
Si nous voulons chanter comme elle.

D A P H N I S.

Ah ! mon cœur est uni par les nœuds les plus forts,
J'ai promis à jamais une tendresse extrême,
Ces Arbres, ces Ruisseaux, la Terre, le Ciel même,
Tout est garant de mes premiers transports.

C L Y M E N E.

Que ne promet-on pas dans un tendre délire !
Le plaisir & l'amour égarent tous nos sens :
La raison reprend son empire,
Et sçait nous dégager de nos vœux imprudens.

D A P H N I S.

Quoi ! je pourrois trahir le serment qui m'engage.

C L Y M E N E.

Les sermens amoureux ne sont qu'un vain langage,
C'est un jeu du Zéphir & du Dieu des Amans,

L'Amour fçait les graver fur un fable mobile,
Et le Zéphir d'une aîle agile
En efface les traits charmans :
L'Amour applaudit d'un fourire,
L'Amour fait de nouveaux fermens,
Qu'il abandonne encor au volage Zéphire.

DAPHNIS.

Grands Dieux, que la beauté perfuade aifément :
Dieux, pardonnez à mon égarement,
Je ne me connois plus, malgré moi je foupire.

CLYMENE.

Eh ! comment s'affurer d'une éternelle ardeur ?
Peut-on répondre de fon cœur ?
Tircis aimoit Églé, Tircis aime Glicère ;
Ç'eft la faute d'Églé, qui ceffe de lui plaire.

Si Daphnis me difoit, jure aux Dieux des amours
Que tu reffens pour moi l'ardeur la plus durable,
Je dirois à Daphnis, jure au Dieu des amours
Que tu me paroîtras toujours le plus aimable,
Je promets à ce prix de t'adorer toujours.

DAPHNIS.

Vous l'emportez, je cède au penchant qui m'entraîne,
J'ai tout à redouter du célefte courroux,
Et je ne crains que votre haine.

CLYMENE.

Qui pourroit vous haïr ?

DAPHNIS.

Mon cœur brûle pour vous.....

Mais foudain quel épais nuage
Dérobe à mes regards & la Terre & les Cieux ?

CHŒUR.

Ciel, ô Ciel !

DAPHNIS.

Ces Côteaux , ces Vergers , ce Bocage ,
Tout périt à mes yeux.
Hélas ! & je survis à mes destins affreux.

CHŒUR.

Quel prodige étonnant , quel supplice effroyable !

CLYMENE.

Berger , que je vous plains !

DAPHNIS.

Fuyez loin de ces lieux,
Vous qui m'avez rendu coupable,
Craignez la vengeance des Dieux

CLYMENE & LE CHŒUR.

Fuyons loin de ces lieux,
Craignons la vengeance des Dieux.

SCENE IV.

DAPHNIS *seul.*

JE ne verrai plus ma Bergère ,
Mon cœur envain reprend ses premiers feux,
Je n'en suis que plus malheureux.
Mes yeux sont pour jamais fermés à la lumière ,
Je ne verrai plus ma Bergère.
Séjour délicieux , ombrage toujours frais ,
Fontaine dont l'onde est si pure ,
Et vous , brillantes Fleurs , qui parez la verdure ,
Je puis m'accoûtumer à ne vous voir jamais :
Amalthée est dans la nature
Le seul objet de mes regrets.

Que je vais payer cher un caprice funeste !
Le souvenir de ses attraits
Est le seul plaisir qui me reste.

Séjour délicieux , &c. *jusqu'à* regrets.
    A M A L T H É E *derrière le Théâtre.*
Daphnis , Daphnis ;
                D A P H N I S.
                C'est elle qui m'appelle ,
Sa voix est un reproche à mon ame infidelle.
            A M A L T H É E.
Cher Daphnis !
            D A P H N I S.
            Elle m'aime , & j'ai pu la trahir !
    Elle approche…. je tremble…. où fuir ?
O terre ! sous mes pas entr'ouvre ton abîme ,
        Caches - y ma honte & mon crime.

SCENE V.

A M A L T H É E , D A P H N I S.

A M A L T H É E.

JE te retrouve enfin , cher objet de mes vœux ,
    Je te cherchois dans ces campagnes :
Je demandois Daphnis aux vallons , aux montagnes….
Que vois-je ? Tu frémis , tu détournes les yeux….
Hélas ! ils sont fermés à la clarté des Cieux.
Il est donc vrai , Daphnis , une autre a sçu te plaire ,
Des reproches amers , & toujours superflus ,
        Je t'épargne l'affreux langage ;
Si tu m'aimes , ton cœur t'en fera davantage :
A quoi serviroient - ils si tu ne m'aimes plus ?

DAPHNIS.

Le plus cruel tourment dont l'horreur me dévore,
    Eſt de t'avoir manqué de foi ;
    Et j'étois plus aveugle encore
    Quand j'aimois une autre que toi.
    Va, cet égarement funeſte
A ſéduit tous mes ſens ſans paſſer dans mon cœur ;
    Et dans l'inſtant de cette folle ardeur,
Si j'avois rencontré tes beaux yeux que j'atteſte,
    J'aurois reconnu mon erreur.

Le plus cruel, &c. *juſqu'à* que toi.

AMALTHÉE.

Daphnis, ah malheureux ! les Dieux dans leur colère
    N'ont que trop bien exaucé ta prière.
Qu'oſas-tu ſouhaiter ? ô ſermens indiſcrets,
    Que vous nous coûtez de regrets !
C'eſt vous ſeuls qui privez Daphnis de la lumière,
C'eſt vous qui m'éclairez ſur ſa legereté :
Cruel, j'ignorerois ta flamme paſſagère,
Mon cœur me répondoit de ta fidélité ;
Les oiſeaux m'annonçoient un funeſte préſage,
Tu m'outrageois, Daphnis, je craignois ton trépas,
Je tremblois pour tes jours, & je ne croyois pas
Que jamais mon Berger pût devenir volage.
Qu'oſas-tu ſouhaiter ? ô ſermens indiſcrets,
    Que vous nous coûtez de regrets !

DAPHNIS.

Sans ceſſe à mon eſprit ta beauté ſe préſente :
    Dieux, que j'ai perdu de plaiſirs !
Je pourrois admirer au gré de mes déſirs,
Les roſes de ton teint & ta bouche charmante.
    Laiſſe-moi du moins par pitié
    Arroſer ta main de mes larmes.

Je n'ofe t'en prier par la tendre amitié
Qui, dans nos cœurs unis, répandoit tous ses charmes.
Laiffe - moi du moins par pitié
Arrofer ta main de mes larmes.
Je veux à tes genoux déformais expier
Mon crime, hélas ! trop déplorable.
Je pafferai mes jours à te faire oublier
Que je fus un inftant coupable.

AMALTHÉE.

Daphnis, mon cher Daphnis ;

DAPHNIS.

Dieux, c'eft trop me punir !
Couvrez d'un voile épais le refte de la terre,
Et rendez à mes yeux la beauté qui m'eft chère :
Dieux puiffans, je ne veux que la voir & mourir.

AMALTHÉE.

C'eft moi qu'il offenfa, c'eft moi qui vous implore,
Grands Dieux, tout mon bonheur dépend de fes
deftins :
Ah ! ralumez fes yeux éteints,
Rendez - moi les regards du Berger que j'adore ;
C'eft moi qu'il offenfa, c'eft moi qui vous implore.

SCENE VI.

L'AMOUR, DAPHNIS, AMALTHÉE.

L'AMOUR à *Amalthée*.

TEs plaintes, fes remords ont pénétré les Cieux,
L'Amour veut combler tous vos vœux,
De mon flambeau la flamme eft immortelle,
Elle va ranimer les yeux de ton Berger :

Il ne pourra jamais changer,
Il te fera toujours fidèle.
Sa suprême puissance est garant de sa foi,
Et ses regards, que l'amour renouvelle,
Ne s'attendriront que pour toi.

DAPHNIS.

Je te rends grâce, Amour, je revois ma Bergère.

AMALTHÉE.

Tu m'aimeras toujours, que mon sort est heureux !
Pourrois - je former d'autres nœuds ?
C'est l'Amour même qui m'éclaire.

DUO.
Daphnis & Amalthée ensemble.

Qu'une même ardeur nous enflamme,
Qu'elle fasse notre bonheur :
Puisse le tendre amour qui règne dans mon ame,
Régner aussi dans votre cœur !

SCENE VII.

DAPHNIS, AMALTHÉE, *Chœur de Bergers
& de Bergères qui viennent rendre hommage à
l'Amour.*

ARIETTE.

AUx ramages des oiseaux,
Aux échos de ces retraites,
Joignons nos tendres musettes :
Aux ramages des oiseaux
Joignons nos doux chalumeaux.

LA BERGERE & LE CHŒUR

Suivons l'Amour qui nous appelle ;
Que ses traits sont doux,
Que sa flamme est belle !
Aimons, aimons tous,
Suivons l'Amour qui nous appelle.

LA BERGERE.

A l'Amour l'univers doit se rendre,
Son flambeau triomphe dans nos Bois.

CHŒUR.

A l'Amour, &c.

LA BERGERE.

Qui pourroit méconnoître sa voix ?
La jeunesse envain veut s'en défendre,
Le bel âge est soumis à ses loix,
Ses traits nous frapent mieux quand le cœur est plus
tendre.

CHŒUR.

A l'Amour, &c.

LA BERGERE.

On ne peut bien aimer qu'une fois,
Le plaisir peut encor nous surprendre,
Mais l'Amour reprend tous ses droits,
C'est un feu mal éteint qui renaît de sa cendre.

CHŒUR.

A l'Amour, &c.

FIN.

9 782329 279824